BEI GRIN MACHT SICH IHR WISSEN BEZAHLT

AF152833

- Wir veröffentlichen Ihre Hausarbeit,
  Bachelor- und Masterarbeit

- Ihr eigenes eBook und Buch -
  weltweit in allen wichtigen Shops

- Verdienen Sie an jedem Verkauf

Jetzt bei www.GRIN.com hochladen und kostenlos publizieren

GRIN

Bibliografische Information der Deutschen Nationalbibliothek:

Die Deutsche Bibliothek verzeichnet diese Publikation in der Deutschen National-
bibliografie; detaillierte bibliografische Daten sind im Internet über http://dnb.d-
nb.de/ abrufbar.

Impressum:

Copyright © 2010 GRIN Verlag, Open Publishing GmbH
Druck und Bindung: Books on Demand GmbH, Norderstedt Germany
ISBN: 978-3-640-88193-2

Dieses Buch bei GRIN:

http://www.grin.com/de/e-book/169709/bernhard-schlinks-der-vorleser-zusammen-
fassung-und-analyse

Pauline Giersemehl

Bernhard Schlinks "Der Vorleser". Zusammenfassung und Analyse

GRIN Verlag

Facharbeit Deutsch

Bernhard Schlink- Der Vorleser

Verfasser: Pauline Giersemehl

Jahrgangsstufe: 12

Gliederung

Referat

Bernhard Schlink – „Der Vorleser"

1. Allgemeines zum Werk

Bei dem Werk handelt es sich um einen dreiteiligen Roman, der die
Lebensgeschichte Michael Bergs behandelt.
Die Erstausgabe erschien 1995 im Diogenes Verlag und wurde inzwischen in 39
Sprachen übersetzt. 1997 mit dem Hans-Fallada-Preis ausgezeichnet, um nur einen
zu nennen, feiert er internationale Erfolge, unter anderem auf Platz 1 der
Bestsellerliste der New York Times

2. Der Autor - Bernhard Schlink

Bernhard Schlink wurde am 06.07.1944 in Bielefeld geboren und verbrachte seine
Kindheit in Heidelberg. Sein erstes Drama, „Der Brudermord", entstand mit 8 Jahren,
nach einem Streit mit seinem Bruder. Auch ein Sonett verfasste er in frühen Jahren,
im Alter von 14, welches von seiner ersten unglücklichen Liebe handelt. Nach
seinem Jurastudium in Heidelberg und Berlin lebte und arbeitete er als Jurist in Bonn.
Nach seiner Habilitation im Jahre 1981 lehrte er zunächst an der Universität in Bonn,
dann an der Universität Frankfurt am Main und seit 1992 an der Humbold- Universität
in Berlin Recht und Rechtsphilosophie.
Bis 2006 war er als Verfassungsrichter in Nordrhein-Westfalen tätig und lehrt seit
2009 am St. Anne's College in Oxford. Er ist Autor von juristischer Fach- und
Lehrliteratur.

3. Inhaltszusammenfassung

3.1. Teil 1 (Seite 5- Seite 81) – Herbst 1958 bis Sommer 1959

Der 15-jährige Michael Berg übergibt sich, aufgrund von Gelbsucht, auf offener Strasse und wird von der ihm unbekannten 36-jährigen Hanna Schmitz nach Hause begleitet. Als er nach ca. einem halben Jahr wieder genesen ist, besucht er sie, um sich zu bedanken. Bei dieser Gelegenheit sieht er sie halb nackt, verlässt aus Scham ihre Wohnung und besucht sie nach einer Woche erneut, um sich zu entschuldigen. Er holt für sie Kohlen aus dem Keller und beschmutzt sich dabei, woraufhin sie ihn badet und es zum Geschlechtsverkehr kommt. Daraus entwickelt sich eine sexuelle Beziehung mit immer demselben Ritual: vorlesen, duschen, lieben, beieinander liegen. Zu Ostern unternehmen sie gemeinsam eine Fahrradtour, in der der Höhepunkt der Beziehung zu sehen ist.

Als sie eines Tages im Freibad auftaucht, verleugnet er sie vor seinen Klassenkameraden. Am nächsten Tag erfährt er, dass sie ohne Angabe einer Adresse weggezogen ist.

3.2. Teil 2 (Seite 83- Seite 157) – Sommer 1959 bis Sommer 1966

Michael schließt die Schule ab und beginnt ein Jurastudium. Als Student besucht er (22-jährig) im Jahr 1966, im Rahmen eines Seminars für Rechtswissenschaften, einen KZ- Prozess. Angeklagt sind sechs Frauen, unter ihnen Hanna (inzwischen 43 Jahre alt), die ab 1944 in einem Konzentrationslager in Krakau Aufseherinnen waren. Der erste Hauptanklagepunkt richtet sich gegen die Tatsache, dass sie für die Selektion von Häftlingen nach Auschwitz zuständig waren. Dabei kommt heraus, dass Hanna immer wieder junge, meist kranke oder schwache Frauen dazu zwang, ihr vorzulesen, und diese direkt danach nach Auschwitz schickte. Der zweite Hauptanklagepunkt betrifft einen Vorfall nach der Auflösung des Lagers und dem damit verbundenen Fußmarsch aller Häftlinge nach Westen. In einer Nacht schlossen die Aufseherinnen die Gefangenen zum Übernachten in einer Kirche ein. Als die Kirche von Bomben getroffen wurde und abbrannte, öffneten sie die Türen nicht, wodurch alle Frauen, bis auf eine Mutter mit ihrer Tochter, welche als Zeugen im Prozess befragt werden, starben. Michael kommt während der Gerichtsverhandlungen zu dem Schluss, dass Hanna Analphabetin ist. Sie nimmt die Hauptschuld auf sich und wird als einzige zu lebenslanger Haft verurteilt.

4

3.3. Teil 3 (Seite 159- Seite 207) – Sommer 1966 bis 1994

Michael heiratet während seines Referendariats Gertrud, eine Mitstudentin. Sie bekommen eine Tochter, lassen sich jedoch nach fünf Jahren Ehe scheiden. Er wendet sich, nach seinem Referendariat, der Rechtsgeschichte zu. Um seine Gefühle zu Hanna aufzuarbeiten, nimmt er für sie Kassetten auf, auf denen er ihr populäre Werke vorliest. Er schickt sie ohne persönlichen Gruß ins Gefängnis und bekommt nach vier Jahren eine erste Karte von ihr, da sie mit den Kassetten lesen und schreiben gelernt hat. Kurz vor ihrer Entlassung erhält er eine Nachricht der Gefängnisdirektorin, welche ihn darum bittet, alles für Hannas Entlassung vorzubereiten. Er besucht Hanna, um ihr mitzuteilen, dass er sie abholen wird. Am Tag der Entlassung erhängt sie sich in ihrer Zelle, mit dem letzten Wunsch, Michael möge der Tochter der Zeugin, welche gegen sie ausgesagt hatte, ihr gespartes Geld überbringen. Zusammen mit besagter Tochter beschließt er, das Geld an eine jüdische Einrichtung für Analphabetismus zu spenden. 1994 beendet er die Arbeit am Roman.

4. Struktur und Sprache

Michael Berg ist als auktorialer Ich-Erzähler eingesetzt. Er er reflektiert im Alter von ca. 50 Jahren sein bisheriges Leben, wobei er sowohl parallel zur Handlung die Situation aus seiner späteren Sicht kommentiert, als auch das „erlebende Ich", also sich selbst im Alter der jeweiligen Situation, zu Wort kommen lässt.

Die drei Teile beschreiben jeweils einen Lebensabschnitt Michaels.

Der Autor bedient sich eines sehr schlichten, verständlichen Sprachstils. Dabei sind alle Schilderungen präzise und detailgetreu.

Selbst die detaillierte Schilderung des Geschlechtsverkehrs ist so liebevoll und doch sachlich vorgenommen, dass sie in keiner Weise obszön wirkt.

Dadurch, dass häufig rhetorische Fragen verwendet werden, bleibt einerseits dem Leser viel Spielraum für eigene Überlegungen, andererseits für den Autor die Möglichkeit, die Komplexität des Themas und die Schwierigkeit und Subjektivität der Beurteilung deutlich zu machen.

5. Charakterisierung der Hauptfiguren

5.1. Michael Berg

Michael Berg wird im Sommer 1943 geboren, ist also zu Beginn der Handlung 15 Jahre alt und wohnt in einem, im Buch nicht benannten, Ort. Aufgrund der Angabe von Straßen- und Dorfnamen lässt sich aber vermuten, dass es sich bei diesem Ort um Heidelberg handelt. Auch sein Studium verbringt er in dieser Stadt. Wo er sich danach aufhält, wird nicht geklärt. Er hat drei Geschwister. Sein Vater, zu dem er sein ganzes Leben lang kein intensives Verhältnis hat, ist Philosophieprofessor (S. 134 f.).

Er beschreibt sich selbst als sehr wankelmütig (*„Ich fühlte mich, als ich jung war, immer entweder zu sicher oder zu unsicher. Entweder kam ich mir völlig unfähig, unansehnlich und nichtswürdig vor, oder ich meinte, ich sei alles in allem gelungen und mir müsse auch alles gelingen.*" (S. 64f.)). Als ein eher mittelmäßiger Schüler wird er von den Lehrern nicht wirklich wahrgenommen (vgl. S. 39), doch sagt er von sich, dass ihm Abitur und Studium nicht schwer fielen (vgl. S. 84).

Durch die Beziehung zu Hanna verändert sich sein Umgang mit seinen Klassenkameraden, vor allem mit den Mädchen. Er wird sicherer und erreicht ein souveränes Auftreten, das die Mädchen beeindruckt (*„Ich kannte die Frauen und konnte gelassen und kameradschaftlich sein. Das mochten die Mädchen.*" (S.64)). Im Sommer 1959 verbringt er viel Zeit im Schwimmbad mit der Klasse, wobei ihm Sophie, eine Klassenkameradin immer wichtiger wird (*„Vertraut wurde [der Umgang] bald auch mit Sophie*" (S.72)). Er nimmt nun also auch andere Frauen neben Hanna wahr (*„Nausikaa, den Unsterblichen an Wuchs und Aussehen gleichend, jungfräulich und weißarmig – sollte ich mir dabei Hanna oder Sophie vorstellen? Es musste eine von beiden sein.*" (S.66)).

Er bezeichnet diesen Sommer als „Gleitflug" der Liebe zu Hanna (vgl. S. 67), also als die Phase zwischen dem Höhepunkt (Radtour) und dem Ende der Beziehung (Verschwinden Hannas).

Durch das Verschwinden Hannas, das er auf sein Verleugnen Hannas vor seinen Freunden zurückführt (*„In der kleinen Situation bündelte sich für mich die Halbherzigkeit der letzten Monate, aus der heraus ich sie verleugnet, verraten hatte. Zur Strafe dafür war sie gegangen.*"(S. 80)), verändert sich Michael sehr.

Er wird arrogant und großspurig (vgl. S. 84), ist innerlich aber sehr empfindsam, was ihn selbst verwirrt (vgl. S. 85). Er hat das Verhältnis zu Hanna nicht aufgearbeitet („*Wenn ich länger zurückdenke [...] weiss ich dass ich die Erinnerung an Hanna zwar verabschiedet, aber nicht bewältigt habe.*" (S. 84)).

Im Seminar genießt er das Zusammengehörigkeitsgefühl in der Gruppe (vgl. S. 89)). Während des Prozesses ist eine Entwicklung seiner Gefühlswelt erkennbar. Am Anfang beschreibt er eine völlige Betäubung mit den Worten:

„*Während der wochenlangen Gerichtsverhandlung fühlte ich nichts, war mein Gefühl wie betäubt. [...] Es war, wie wenn die Hand den Arm kneift, der von der Spritze taub ist. [...] Vielleicht hat die Hand so fest gekniffen, dass diese Stelle eine Weile lang blass ist. Dann kehrt das Blut zurück, und die Stelle kriegt wieder Farbe. Aber das Gefühl kehrt darum noch nicht zurück.*" (S. 96f).

Als ihm bewusst wird, dass Hanna Analphabetin ist, bezeichnet er sich als „Teilnehmer" und „Mitentscheider" (S.131) des Prozesses und kommt in die Gewissensnot, etwas unternehmen zu müssen, woraufhin er dem Richter einen Besuch abstattet, mit dem Vorsatz, ihn von Hannas Analphabetismus zu unterrichten. Nachdem dieser Vorsatz scheitert, lässt er die Gefühle und Erinnerungen ruhen und findet in den Alltag zurück (vgl. S. 155).

Im dritten Teil des Romans versucht er diese Betäubung zu halten, indem er sich in seine Arbeit vergräbt, zuhause auszieht und keinen Kontakt zu befreundeten Menschen zulässt (vgl. S. 159). Michael schafft es nicht, eine intakte Beziehung zu führen, da er alle Frauen mit Hanna vergleicht (vgl. S. 164f). Seine Ehe zu Gertrud scheitert ebenfalls an seinem nicht verarbeiteten Verhältnis zu Hanna. Gegenüber seiner Tochter Julia, die nach der Scheidung ins Internat geschickt wird, hat er große Schuldgefühle. Durch die abschreckende Wirkung des Prozesses auf ihn, sieht er sich nicht in der Lage, einen aktiven juristischen Beruf auszuüben und beschäftigt sich stattdessen mit Rechtsgeschichte (vgl. S. 171). Michael besucht Hanna nie im Gefängnis, da er nicht weiß, wie er ihr gegenübertreten soll und Angst vor einem Wiedersehen hat. Auch hier wird wieder deutlich, dass das Verhältnis nicht aufgearbeitet, sondern nur verdrängt wurde.

Er beschreibt seine Angst wie folgt:

„Gerade weil sie mir auf so freie Weise sowohl nah als auch fern war, wollte ich sie nicht besuchen. Ich hatte das Gefühl, sie könne, was sie mir war, nur in der realen Distanz sein. Ich hatte Angst, die kleine, leichte, geborgene Welt der Grüße und Kassetten sei zu künstlich und zu verletzlich, als dass sie reale Nähe aushalten könnte. Wie sollten wir uns Angesicht zu Angesicht begegnen, ohne dass alles hochkam, was zwischen uns geschehen war." (S.183)

Als er Hanna dann wieder sieht, ist er schockiert, eine alte Frau vorzufinden und gesteht sich ein, dass er *„Hanna eine kleine Nische zugebilligt [hatte], durchaus eine Nische, die [ihm] wichtig war, die [ihm]etwas gab und für die [er] etwas tat, aber keinen Platz in [seinem]Leben."* (S. 187).

Dem gegenüber muss man eine Aussage am Anfang des Buches stellen, die das selbe über Hanna aussagt: *„Wir hatten keine gemeinsame Lebenswelt, sondern sie gab mir in ihrem Leben den Platz, den sie mir geben wollte."* (S.75).

Es lässt sich demzufolge eine Entwicklung seiner Gefühle zu Hanna feststellen. Im ersten Teil ist Michael in sie verliebt und kämpft um ihre Aufmerksamkeit, im zweiten Teil fallen seine Gefühle in eine „Betäubung", er verdrängt also, statt zu verarbeiten, um sich nicht dem Schmerz auszusetzen. Im dritten Teil beginnt er teilweise eine Aufarbeitung, indem er ihr Kassetten schickt. Die endgültige Klärung des Verhältnisses findet aber erst mit dem erstmaligen Erzählen der Geschichte und dem darauf folgenden Verfassen des Romans statt. Diese eine kurze Beziehung zu Hanna zieht sich somit durch sein gesamtes Leben und beeinflusst viele seiner Entscheidungen.

5.2. Hanna Schmitz

Hanna wird am 21.Oktober 1922 in Hermannstadt geboren.

Sie arbeitet ab 1939/40 bei Siemens in Berlin und geht, aufgrund einer bevorstehenden Beförderung zur Abteilungsleiterin (Analphabetismus!), 1943 für die SS als Aufseherin ins Konzentrationslager Auschwitz. 1944 wird sie in ein Nebenlager nach Krakau versetzt und ist an dem „Transport" der Gefangenen 1945 beteiligt, bei dem sich bereits beschriebenes Ereignis abspielt. Nach dem Krieg wechselt sie sehr oft den Wohnort, wobei sie die längste Zeit (8 Jahre) in Michaels Heimatstadt, also wahrscheinlich Heidelberg, lebt.

Als sie Michael 1958 kennenlernt, ist sie 36 Jahre alt und arbeitet als Straßenbahnschaffnerin (alle Angaben vgl. S. 92ff).

Über Hanna erfährt man als Leser nur das, was das lyrische Ich über sie erzählt. Alle charakterlichen Züge sind daher von Michael subjektiv wahrgenommen und auch so an den Leser weitergegeben.

Michael sagt selbst: *„Über ihre Liebe zu mir weiß ich nichts."* (S.67) und: *„Wir hatten keine gemeinsame Lebenswelt, sondern sie gab mir in ihrem Leben den Platz, den sie mir geben wollte."* (S. 75). Während der gesamten Handlung ist es dem Leser nicht möglich zu erkennen, was Hanna für Michael empfindet. Erst am Ende des Romans, nach ihrem Tod, entdeckt Michael über ihrem Bett im Gefängnis ein Zeitungsfoto seiner Abiturfeier, wodurch ihm bewusst wird, welche Rolle er doch in ihrem Leben gespielt hat, da es für sie als Analphabetin ein sehr großer Aufwand gewesen sein muss, dieses Foto zu erhalten, zumal sie nicht mehr in der Stadt lebte (vgl. S.194). Ihr Analphabetismus bestimmt ihr gesamtes Leben und damit auch ihren Charakter (siehe gleichnamiges Thema).

Michael beschreibt sie als sehr bestimmt und regelrecht grob (vgl. S. 6), wobei sie teilweise zur Aggressivität neigt. (*„Sie hatte den schmalen ledernen Gürtel in der Hand, den sie um ihr Kleid tat, machte einen Schritt zurück und zog ihn mir durchs Gesicht."* (S. 54)). Hanna ist besitzergreifend (*„Auch wenn wir uns liebten, nahm sie selbstverständlich von mir Besitz. Ihr Mund nahm meinen, ihre Zunge spielte mit meiner, sie sagte mir wo und wie ich sie anfassen sollte, und wenn sie mich ritt, bis es ihr kam, war ich für sie nur da, weil sie sich mit mir, an mir Lust machte."* (S.33) und gesteht nach Streitsituationen Michael gegenüber keine Fehler ein, sondern lässt sich geradezu betteln ihm zu verzeihen (vgl. S 50). Dieses Verhalten lässt sich nicht genau deuten. Dem Leser werden nur gegensätzliche Theorien des lyrischen Ichs, wie: *„Manchmal empfand ich […] als sehne sie sich nach der Wärme meiner Entschuldigungen […]. Manchmal dachte ich, sie triumphiert einfach über mich."* (S. 50) präsentiert, welche aber im Endeffekt zu keinem Ergebnis führen.

An manchen Stellen zeigt sich bei Hanna ein regelrechter Sauberkeitszwang. Beispielsweise badet sie sich sehr oft und sehr gründlich und verlangt dies vor dem Geschlechtsverkehr auch von Michael. Erst nach einigen Jahren im Gefängnis, als sie lesen gelernt hat, vernachlässigt sie die Körperhygiene (vgl. S 196). Ich deute diesen „Zwang" als ein Reinwaschenwollen von der eigenen Schuld.

Sie verdrängt die meiste Zeit ihres Lebens die Bedeutung ihrer Pflichten und Handlungen als Aufseherin und beginnt erst nach ihrer Alphabetisierung, sich mit der Tragweite ihrer Entscheidungen auseinanderzusetzen.

Sie ist sehr verschlossen und gibt weder ihre Vergangenheit noch ihre Zukunftspläne preis (vgl. S. 40). Auf Fragen nach ihren Freizeitaktivitäten reagiert sie ausweichend („*Was du alles wissen willst, Jungchen.*" (S. 75)), worin sich wieder zeigt, dass, wie Michael es formuliert, die beiden „*keine gemeinsame Lebenswelt*" haben, sondern sie ihm nur einen gewissen Raum zugesteht (S. 75).

Dieser Umstand dreht sich erst am Ende des Romans um, als Michael ihr einziger Kontakt zur Außenwelt wird und sie ihr Leben nach ihm ausrichtet, indem sie zum Beispiel jeden Tag auf eine Nachricht von ihm hofft.

Im Prozess verhält Hanna sich ungeschickt („*Sie widersprach beharrlich und gab bereitwillig zu. [...] Sie hatte kein Gefühl für den Kontext, für die Formeln, nach denen gespielt wurde*" (S.105)). Sie wirkt naiv und erkennt ihre Fehler nicht („*Ich habe... ich meine... Was hätten Sie denn gemacht?* (S.107)).

Das Lesen lernen im Gefängnis (siehe Thema Analphabetismus) macht sie erstmals zu einer mündigen Persönlichkeit.

Über die Gründe ihres Selbstmordes lässt sich nur spekulieren. Möglich wäre, dass sie Angst vor der Welt „draußen" hat, die sich in der Zeit ihrer Haft rasant veränderte. Man muss bedenken, dass sie ja auch schon eine alte Frau (62 Jahre) ist und wahrscheinlich nicht in der Lage wäre sich eine neue Existenz aufzubauen. Außerdem ist Michael ist ihr einziger Kontakt zur Außenwelt. Sie wäre, denke ich, restlos überfordert. Sicherlich hat sie durch Entwicklung eines Schuldbewusstseins in gewisser Weise ihre Stärke verloren. Ihr ist bewusst geworden, dass sie für den Tod vieler Menschen verantwortlich ist („*Auch das Gericht konnte nicht Rechenschaft von mir fordern. Aber die Toten können es.*" (S. 178)) und kann damit nicht umgehen.

6. Analphabetismus

Hanna ist primäre Analphabetin. Das bedeutet, sie besitzt keinerlei Lese- und Schreibkenntnisse. Allerdings ist sie nicht Zahlenanalphabetin, da sie bei der Straßenbahn arbeitet und mit Zahlen und einfachen Rechnungen umgehen muss. Außerdem ist sie in der Lage, ihre Unterschrift zu leisten.

Die Beeinträchtigung wird dem Leser, sowie dem lyrischen (erlebenden) Ich erst im zweiten Teil der Handlung, nämlich während des Prozesses, bewusst. Jedoch gibt es vorher schon zahlreiche Hinweise darauf, zum Beispiel, dass sich Hanna von Michael vorlesen lässt.

Am deutlichsten wird ihre Schwäche aber auf der gemeinsamen Fahrradtour im Frühling 1959. Der Ich-Erzähler beschreibt, dass sie weder die Route auf der Karte sehen (vgl. S 53), noch die Wahl der eigenen Speise übernehmen will (vgl. S.54).

Die Schlüsselszene spielt sich eines Morgens in einem Hotel ab, als Michael Frühstück holen geht, Hanna auf einem Zettel (den sie logischerweise nicht lesen kann) darüber informiert, sie aufwacht und Michael weg ist. Als er wiederkommt, ist sie völlig aufgelöst, behauptet keinen Zettel gefunden zu haben und schlägt ihn mit einem Gürtel ins Gesicht. (vgl. S. 54f). Ich denke, an dieser Stelle wird auch deutlich, dass Hanna so sehr auf fremde Hilfe angewiesen ist, dass sie ohne Michael alleine in diesem fremden Ort völlig orientierungslos und „aufgeschmissen" gewesen wäre. Sonst hätte sie nicht so verzweifelt und unkontrolliert gehandelt. Die Beziehung zu Michael beendet sie ebenso aufgrund des Analphabetismus. Ihr wird eine Beförderung zur Bürokraft angeboten, woraufhin sie fluchtartig die Stadt verlässt, ohne sich von Michael zu verabschieden. Im Prozess wird ihr ihre Schwäche am stärksten zum Verhängnis, da sie die Anklageschrift, das Beweismaterial sowie das Buch der Überlebenden nicht lesen kann und schließlich zugibt einen belastenden Bericht geschrieben zu haben.

Ihr Leben ist ein einziger Kampf mit ihrer Schwäche.

Michael fasst diese Problematik treffend zusammen:

„Sie verfolgte nicht ihr Interesse, sondern kämpfte um ihre Wahrheit, ihre Gerechtigkeit. Es waren, weil sie sich immer ein bisschen verstellen musste, weil sie nie ganz offen, nie ganz sie selbst sein konnte, eine klägliche Wahrheit und eine klägliche Gerechtigkeit, aber es waren ihre und der Kampf darum war ihr Kampf. Sie musste völlig erschöpft sein. Sie kämpfte nicht nur im Prozeß.

Sie kämpfte immer und hatte immer gekämpft, nicht um zu zeigen, was sie kann, sondern um zu verbergen, was sie nicht kann. Ein Leben, dessen Aufbrüche in energischen Rückzügen und dessen Siege in verheimlichten Niederlagen bestehen." (S.128f)

Hanna kämpft um ihren Stolz. Sie bekennt sich zu ihren Taten und geht lieber lebenslang ins Gefängnis, als sich vor der Öffentlichkeit derart zu erniedrigen. Für sie ist die Offenbarung ihrer Lebenslüge eine größere Hürde.

Das lyrische Ich setzt ihren Analphabetismus mit Unmündigkeit gleich: *„Analphabetismus ist Unmündigkeit. Indem Hanna den Mut gehabt hatte, lesen und schreiben zu lernen, hatte sie den Schritt aus der Unmündigkeit zur Mündigkeit getan, einen aufklärerischen Schritt." (S. 178)* Damit verweist er auf Kants Definition der Aufklärung:

„Aufklärung ist der Ausgang des Menschen aus seiner selbstverschuldeten Unmündigkeit. Unmündigkeit ist das Unvermögen, sich seines Verstandes ohne Leitung eines anderen zu bedienen. Selbstverschuldet ist diese Unmündigkeit, wenn die Ursache derselben nicht am Mangel des Verstandes, sondern der Entschließung und des Mutes liegt, sich seiner ohne Leitung eines andern zu bedienen. Sapere aude! Habe Mut, dich deines eigenen Verstandes zu bedienen! ist also der Wahlspruch der Aufklärung."

Unmündig ist Hanna unter dem Aspekt, dass sie für viele alltäglich Handlungen, wie Wahl des Gerichtes in einem Restaurant, sich in der Stadt zurechtfinden und Behördengänge immer auf die Hilfe von anderen Menschen angewiesen ist. Sie ist nicht in der Lage, sich über Themen zu informieren, die sie interessieren, bzw. sich objektiv eine Meinung zu bilden, durch fehlendes Quellenverständnis. Ich würde so weit gehen zu sagen, dass sie von ihrem Analphabetismus bevormundet wird. Dieser bestimmt nahezu den gesamten Verlauf ihres Lebens. Erst geht sie zur SS, da ihr eine Beförderung bei Siemens zur Vorarbeiterin angeboten wurde, bei der sie Büroarbeiten hätte erledigen müssen, da sie damit die Verantwortung über eine ganze Abteilung inne gehabt hätte.

Sie „mogelt" sich durch zahlreiche Städte und Jobs, wobei sie fluchtartig die Zelte abbricht wenn ihr Geheimnis Gefahr läuft, aufgedeckt zu werden. Sie verlässt Michael, als sie bei der Straßenbahn zur Bürokraft befördert werden soll und gibt schließlich fälschlicherweise zu, den verhängnisvollen Bericht geschrieben zu haben, nur um einer Schriftprobe zu entgehen.

Selbstverschuldet ist ihre Schwäche insofern, dass sie in ihrem Leben immer weggelaufen ist. Gelegenheiten zur Alphabetisierung gibt es in der Gesellschaft genug, man muss nur den Mut aufbringen, sich dazu zu bekennen. Hanna schafft es erst im hohen Alter, sich ihrer Scham zu stellen und den Schritt zu wagen.

Indem sie ihre größte Schwäche überwindet und sofort danach mit der Aufarbeitung ihrer Schuld beginnt, wird sie mündig. Sie denkt zum ersten Mal (soweit der Leser das beurteilen kann) darüber nach, welche Fehler sie begangen hat.

Dann organisiert sie ja auch zum Beispiel einen Sitzstreik, als die Bibliotheksmittel gestrichen werden sollen (vgl. S. 193), steht also aktiv für ihre Wünsche und Forderungen ein.

7. Schuldfrage

Schuld spielt in Schlinks Roman eine sehr wichtige Rolle und gliedert sich in die individuelle Schuld Michaels bzw. Hannas und die Kollektivschuld der Eltern- bzw. Nachfolgegeneration. Um diese Thematik zu behandeln, ist es nötig, den Begriff Schuld zu klären:

Schuld ist die Verantwortung für einen Verstoß gegenüber einer moralischen oder gesetzlichen Wertvorstellung.

Bei dieser Zuordnung gehe ich vom Standpunkt der Nachfolgegeneration aus.

7.1. Individuelle Schuld

7.1.1. Michael

- „Verrat" Hannas → moralischer Verstoß

  „In der einen kleinen Situation bündelte sich für mich die Halbherzigkeit der letzten Monate, aus der heraus ich sie verleugnet, verraten hatte. Zur Strafe dafür war sie gegangen." (S. 80)

- normverletzende Sexualität → moralischer Verstoß

  „Wenn ich heute eine Frau von sechsunddreißig sehe, finde ich sie jung. Aber wenn ich heute einen Jungen von fünfzehn sehe, sehe ich ein Kind." (S. 42)

- Liebe zur Verbrecherin Hanna → moralischer Verstoß

  „Und wenn ich nicht schuldig war, weil der Verrat einer Verbrecherin nicht schuldig machen kann, war ich schuldig, weil ich eine Verbrecherin geliebt hatte." (S. 129)

- Fehlende Geborgenheit für Tochter Julia

  „Gequält hat mich, dass wir Julie die Geborgenheit verweigerten, die sie sich spürbar wünschte. [...] Und ich hatte das Gefühl, dass das, was wir ihr verweigerten, nicht nur ihr Wunsch war, sondern dass sie ein Recht darauf hatte. Wir haben sie um ihr Recht betrogen, indem wir uns haben scheiden lassen, und dass wir es gemeinsam taten, hat die Schuld nicht halbiert." (S.165)

7.1.2. Hanna

- Normverletzende Sexualität → moralischer (evtl. gesetzlicher) Verstoß
- Erniedrigung Michaels → moralischer Verstoß (z.B. vgl. S. 50)
- Mord an Lagerinsassen → gesetzlicher Verstoß

7.2. Kollektivschuld

7.2.1. Elterngeneration

* Zugehörigkeit zum NS-Regime als Täter → gesetzlicher Verstoß
* Anpassung ans Regime → moralischer Verstoß
* keine oder unzureichende Aufarbeitung der NS-Vergangenheit→ moralischer Verstoß

7.2.2. Nachfolgegeneration

* Liebe zur/ Verehrung der Elterngeneration → moralischer Verstoß

7.3. Bewertung

Daran, dass die Nachfolgegeneration sowohl Ankläger (der Elterngeneration) als auch Schuldiger ist, macht Schlink deutlich, dass Schuldzuweisungen generell problematisch sind. Es ist immer eine Frage des Standpunktes, wie Schuld beurteilt wird und wer sich schuldig macht. Hannas Schuld wird durch ihre Schwäche und die Umstände besser verständlich, was nicht heißen soll, dass sich ihre Verbrechen damit relativieren, sondern nur, dass sie dadurch menschlich wird.

8. Geschichtlicher Hintergrund zum Buch

8.1. Das Konzentrationslager

Bei dem geschilderten KZ könnte es sich um das KZ Plaszow bei Krakau handeln. Dieses wurde 1940 als Zwangsarbeitslager erbaut und 1944 zu einem Außenlager Auschwitz' umgewandelt. Es war damit eines der etwa 20 Konzentrationsstammlager. Auch die Beschreibung, dass der Gefangenenzug „nach Westen" aufbrach (S.92) bestätigt diese Vermutung, da die letzten Gefangenen des KZs Plaszow am 14. Januar 1945 (einen Tag vor der Befreiung Krakaus) nach Auschwitz deportiert wurden, welches ca. 70 km westlich von Krakau liegt.

8.2. Die Auschwitzprozesse 1963- 1974

Es ist anzunehmen, dass Schlink den Prozess um Hanna in den historischen Kontext der Auschwitzprozesse stellt. Diese sechs Prozesse fanden zwischen 1963 und 1981 in Frankfurt am Main statt und waren gegen die Lagermannschaft des Konzentrationslagers Auschwitz gerichtet. Die geringen Strafen und vor allem die geringe Anzahl an Angeklagten lösten eine Welle der Empörung in Deutschland aus. Das lyrische Ich spricht davon, dass die Verhandlungen eine Stunde von Heidelberg entfernt stattfanden, was auf Frankfurt am Main zutreffen könnte.

8.3. Hermine Braunsteiner-Ryan

Hermine Braunsteiner-Ryan wird als mögliches Vorbild für Hanna gesehen, da ihre Geschichte einige Parallelen aufweist.
Sie wurde am 16. Juli 1919 in Wien geboren. Zur SS ging sie schon früh, da sie überzeugte Nationalsozialistin war. Im Oktober 1942 versetzte man sie ins KZ Majdanek in Polen, wo sie von den Häftlingen „Stute" genannt wurde, da sie mit Stiefeln nach den Menschen trat. Michael assoziiert mit Hannas Körper ebenfalls ein Pferd, allerdings aus dem Grund, dass sie sich „glatt und weich und darunter fest und stark" (S. 69) anfühlt. Brauensteiner-Ryan floh nach der Auflösung des Lagers und stand erst 1975 vor Gericht im sog. Majdanek-Prozess. Auch sie war regelrecht „regungslos" während der Verhandlungen und zeigte keine Reue, allerdings bestritt sie nur, wohingegen Hanna auch bereitwillig zugibt. 1981 wurde sie schließlich zu lebenslänglicher Haft verurteilt.
Am 19. April 1999 starb sie in Bochum.

Bernhard Schlink bestreitet allerdings (was man unterstützen muss), dass sie Vorbild für die Figur Hannas war.

9. Abschließende Beurteilung

Bernhard Schlink hat mit diesem Roman eine neue Herangehensweise an die Aufarbeitung der NS-Problematik ins Spiel gebracht. Mit seiner bildhaften und lebendigen Sprache reißt er den Leser mit und lässt ihn am Geschehen teilhaben. Er zeigt in der Beziehung zwischen Hanna und Michael die Verbindung zwischen Eltern- und Nachfolgegeneration auf und lässt dabei beide Instanzen zu Wort kommen – die Täter und die Opfer. Dem Leser wird die Menschlichkeit der NS-Täter vor Augen geführt, ohne ihre Verbrechen zu relativieren. Er wird dazu angeregt, sich in die Täter hereinzuversetzen, wobei allerdings die Gefahr besteht, zu viel Mitleid für diese zu Empfinden bzw. Hannas Analphabetismus als Ausrede für ihre Taten zu akzeptieren. Durch zahlreiche rhetorische Fragen ist der Leser gezwungen, sich seine eigene Meinung über die Problematik zu bilden und bisherige Beurteilungen zu überdenken.

10. Quellen

http://www.christoph-schmidt.de/vorleser/content.php?action=home

http://www.ratsgymnasium-gladbeck.de/schuelerprojekte/dervorleser/biographie.htm

http://www.teachsam.de/deutsch/d_literatur/d_aut/schl/vorl/schl_vorl_4_2_2.html

http://bilder.buecher.de/zusatz/08/08530/08530896_lese_1.pdf (allgemein)

http://www.teachsam.de/deutsch/d_literatur/d_aut/schl/vorl/schl_vorl_txt_5.html

(Analphabetismus)

http://www.rither.de/a/deutsch/schlink--bernhard/der-
vorleser/themen/analphabetismus/ (Analphabetismus)

http://de.wikipedia.org/wiki/Der_Vorleser

http://de.wikipedia.org/wiki/Liste_der_Au%C3%9Fenlager_des_KZ_Auschwitz_I_%2
8Stammlager%29

http://de.wikipedia.org/wiki/KZ_Plaszow

http://de.wikipedia.org/wiki/Hermine_Braunsteiner-Ryan

http://www.teachsam.de/deutsch/d_literatur/d_aut/schl/vorl/schl_vorl_3_6_1.html

http://www.teachsam.de/deutsch/d_literatur/d_gat/d_epik/strukt/erzpers/erzpers_7_2
_1_1.htm

http://www.uni-potsdam.de/u/philosophie/texte/kant/aufklaer.htm

http://de.wikipedia.org/wiki/Schuld_%28Ethik%29

Alle Seitenangaben aus: Bernhard Schlink „Der Vorleser", veröffentlicht als Diogenes Taschenbuch, 1997